Discurso Para Desertos

Copyright do texto ©2018 Denise Emmer
Copyright da edição ©2018 Escrituras Editora

Todos os direitos desta edição reservados à
Escrituras Editora e Distribuidora de Livros Ltda.
Rua Maestro Callia, 123 – Vila Mariana
São Paulo – SP – 04012-100
Tel.: (11) 5904-4499 / Fax: (11) 5904-4495
escrituras@escrituras.com.br
www.escrituras.com.br

Diretor editorial: Raimundo Gadelha
Coordenação editorial: Mariana Cardoso
Assistente editorial: Karen Suguira
Capa: Raimundo Gadelha
Projeto gráfico e diagramação: Vagner de Souza
Impressão: Forma Certa

Dados Internacionais de Catalogação na Publicação (CIP)
(Câmara Brasileira do Livro, SP, Brasil)

Emmer, Denise
　　Discurso para desertos / Denise Emmer. –
São Paulo: Escrituras Editora, 2018.

ISBN 978-85-7531-772-3

1. Poesia brasileira. Título.

18-12508　　　　　　　　　　　　　　　　　　　　CDD-869.1

Índices para catálogo sistemático:

1. Poesia: Literatura brasileira.　　869.1

Impresso no Brasil
Printed in Brazil

Denise Emmer

Discurso Para Desertos

escrituras
São Paulo, 2018

Para Arthur e Germano, sempre.

Sumário

Denise Emmer e o piano com relâmpago: a música que explode em poesia 9

Desertos 15
Dura lírica 19
Ao parvo 20
Ainda ao parvo 21
Restos 22
Réplica 23
O jornal e a maçã 24
Quadro 25
Quarto escuro 26
Pequena elegia para Marcos 27
Secreta dor 29
Nem sei 30
Geminus signum 31
Eu 32
Assim 33
Não é azul 34
Cismas da Lua 35
Buraco negro 36
Monte 37
Nos passos 38
A árvore da trilha 39
Noite alta corpo insone 40
Ventríloquo 41
Dois gatos 42
Mutações 43

Deserto em mim 44
Da febre 45
Das medidas 46
Da pedra 47
Da palavra – I 48
Da palavra – II 49
Da plenitude 50
Vizinho de Deus 51
Relógio preciso 52
Relógio de sol 53
Prólogo 54
Meus mortos já se vão longe 55
Bailarinas frias 57
O primeiro poema de agosto 58
Labirintite 59
Adeus país... 60
Medo 61
Dos hospitais e paredes 62
Que versos nascem da vigília 63

Discurso para desertos 65
I 69
II 69
III 70
IV 70
V 71
VI 71
VII 72
VIII 73
IX 74
X 74
Aprendiz de segredos 75
Maestro de folhas 76

Sobre a autora 77

DENISE EMMER E O PIANO COM RELÂMPAGO: A MÚSICA QUE EXPLODE EM POESIA

A potência criativa em Denise Emmer é tão vital, seus versos germinam com tal viço que até algo impessoal como o sumário de um livro pode parecer pura poesia. Qualquer leitor que se dispuser a ler os títulos inseridos, em forma vertical, no sumário de *Discurso para desertos* sem saber que eles são, exatamente, o sumário de um volume, poderá ter a impressão de que está diante de um poema – um tanto inusitado, é verdade, mas perpassado de originalidade e beleza. Basta pontuá-lo de quando em quando e temos uma pista de como ver poesia onde ela parece não existir.

    O que estará, de fato, no centro do ofício de escrever? No poema "Dura lírica", que dá início à sofisticada engenharia da obra em questão, temos a dolorida lucidez de sua poética, porém, carregada de lirismo e, também, de nostalgia. E de mistérios que, de tão insondáveis, assumem contraditória clareza e transcendência. Nesta viagem cabem a família, a música, a montanha, com maior ou menor intensidade. Em seus poemas há uma busca, o resgate de uma família filtrada na perda do pai, da mãe, do pequeno irmão ("Este seria o amigo / Do abraço e cantoria // Por que a morte o levaria / Para a última escadaria?"), todos são personagens voláteis, contém a fórmula de duas raízes e uma árvore, mesmo que alguém dito parvo possa ser o relator:

> *[...]*
> *Nasceste em berço esplêndido*
> *Tua mãe e teu pai quando voavam*
> *Pelas ondas siderais dos palacetes*
> *O régio amor então a conceber-te*
> *E estás aí*
> *A soma de dois mundos*

E, sem fantasias, ouve a sentença: "És uma folha em branco / De revista". Tudo é fluido e vozes feitas de nuvens, sombras e partículas sonoras, portadoras de uma permanente poesia. E o mesmo relator, agora ouvinte, confirma que a música, sempre marcante, sempre presente, forte ou leve, compassada ou passada com todas as suas claves e aves-marias tem algo a dizer. A religião de seus versos é uma liturgia filigranada de uma estranha e bela sinfonia composta de todos os poetas que habitaram ou habitam o universo de sua criação.

Ora ela é objetiva e fatalista:

> *Subir escarpas*
> *Da hostil montanha*
> *Assim o mundo*
> *Quando se ama*
>
> *E quando não*
> *Fim da raça humana.*

Ora é subjetiva e mística a orquestrar partituras que se materializam em som, mas também em átomo ou perenidade onde "O espírito parte-se / Em teclas de piano". O piano é uma constante ("As montanhas correm / Junto às nuvens / Porque não são mares / Onde tudo muda / Qual água e piano") em sua escrita. É curiosa a presença quase física do piano, sempre mágico, no trabalho de Denise, tendo sido o violão, por anos a fio, seu companheiro e criador de tantas composições, depois substituído pelo violoncelo, hoje sua realidade de musicista talentosa e aplicada. Talvez seja mais insinuante a estética de um piano e mais forte que o som do violão na inspiração dos versos e mesmo do *cello*.

Do signo de gêmeos, é geminiana convicta e, por isso, dividida entre o sim e o não. A certeza é tão impositiva quanto a dúvida:

> *No plano etéreo o gemini signo me controla*
> *E me transforma num parágrafo a cada dia*
> *Se ora náufrago agora euforia*
> *Ou estrangeira em minhas próprias cercanias*

Em sua obra, algumas vezes, desapontamentos escoam como desencantos que se desintegram no ar. E então do leitor as perguntas surgem: para onde irão na matemática do tempo? Serão saldo ou alimento? Outras vezes – e muitas – a montanha será a necessidade atávica de subir e se isolar para refletir em profundidade sobre o mistério da vida. Não teme analogias quânticas: "O buraco negro / É o próprio mundo". No entanto, afaga a plenitude: "Se estiver mais só / No sobressalto dos ares / Serei felicidade / E música e ave". Suas montanhas são imantadas de si mesma, da própria Denise e a ligação com os astros (até mesmo como profissional formada em Física), sempre a transporta para outros caminhos que não exatamente os da Terra, mas os do oásis sideral, pleno de surpresas e revelações, como no poema "Eu":

> *O lábio fino da Lua*
> *É o meu reflexo no rio*

> *Curvada ao sol da noite*
> *As mãos espalmando a terra*
> *Vejo-me refletida*
> *Através do prisma branco*
> *Os cabelos de Via Láctea*
> *[...]*

Ou mais uma vez trafega no viés fatalista e rijo, onde a visão dos homens e da própria Terra não tem um final feliz:

> *Além do mundo e além*
> *A passos de anos-luz*
> *Avisto o mundo e afirmo*
> *A Terra não é azul*
>
> *Tem a cor dos panos velhos*
> *Bolor de alfaiatarias*
> *Velhuscas, das desabadas*
> *Catedrais de feiticeiras*

E transforma, implacável, a frase icônica do astronauta russo sobre a Terra ser azul, e decreta: "Yuri, a Terra é cinza / Azul é teu olho em transe". Mas há também esperanças, como no belo poema "Das medidas", em que sinaliza:

> *Eu tenho a medida*
> *Do espaço em que ocupo*
> *Não sou muito*
> *Ao meu lado sobra uma cadeira*
> *Ou uma cordilheira inteira*
> *A inventar.*

Não receia questionar a origem humana ("O que seria antes do Tudo / O nada ser das esferas / Deus a pensar nas eras / Ou o átomo absoluto?"), mas a força divina se impõe: "Perto de Deus é luz / Ou treva acirrada / Longe de Deus é nada / Ou sonho que seduz". Embora as perdas retornem de quando em quando e de modo contundente, como no poderoso e inquietante poema "Meus mortos já se vão longe", impregnado de nostalgia e, ao mesmo tempo, da desolada constatação de que as coisas são como são e elas, sim, nos farão perder o fôlego, no âmago de tudo. Mas, como ocorre no poema "Medo", ela também não foge da crua realidade do tempo real, de uma bala perdida, de um destino movido pela violência nua de uma cidade sem lei.

Entretanto, logo busca novamente a música, o som, o instrumento e se dá ao luxo de flertar com mestres como Lorca ou Camões: "Vejo Luís a me atirar alexandrinos / Na praia imensa imensa praia lusitana / Escuto ao vento um afiado violino / Qual uma adaga a penetrar no palatino".

Começa a concluir sua epopeia ao fixar uma visão em que desertos e mundos – definidos assim – rendem uma enxuta, extensa e arrebatadora tertúlia poética e um título de livro. O cenário da vida para ela não é suave aquarela, mas pode guardar o direito de um voto de fé no planeta e, claro, na música quando, no último poema, "Maestro de folhas", afirma:

> *O braço verde no ar*
> *Faz cantar a natureza*
> *O mundo e sua beleza*
> *Não me parecem perdidos*
>
> *Violinos em sibilo*
> *Trompas de troncos largos*
> *Violoncelos são a terra*
> *De onde brotam as pausas.*

Os poemas de Denise Emmer não têm vírgulas, e pouquíssimas vezes, pontos, como se não pudessem ser freados. São fluxos, arroubos, vagidos de um animal noturno sob a luz da lua, fulgor e silêncio guardados a sete chaves em sua memória.

Neste espaço intocado, renascentista ou não, contemporâneo ou não, mora a força de sua inesgotável poesia.

Sérgio Fonta
Escritor, diretor, dramaturgo e ator

DESERTOS

Todo corpo permanece em repouso ou em movimento retilíneo uniforme a uma velocidade constante, a menos que forças contrárias modifiquem seu estado de inércia.

Sir Isaac Newton

Dura lírica

A escriba, autora
A dura lírica
De ser quem sou
De fato, a escrevente
E abrir minhas tristezas
Ao poente
Não me permito ser
A outra em mim
Palavra

Avessa a tudo
Que me fale
De meus pares
Acenderei estrelas
Só aos mortos
– Poetas reticentes

Alguns
Rendem-me flores
Até hoje
Na calada.

Ao parvo

Ele me diz:
Nasceste em berço esplêndido
Tua mãe e teu pai quando voavam
Pelas ondas siderais dos palacetes
O régio amor então a conceber-te
E estás aí
A soma de dois mundos

És um número
Sem tantos algarismos
O nariz fino
Que herdaste da materna

E da paterna a álgebra sinistra
Dos macambúzios mudos
E autistas

És uma folha em branco
De revista.

Ainda ao parvo

E a música de onde adviria?
Da união de um piano
Com um relâmpago?

A poesia, bem sei, veio do espanto
Quando nadei do útero ao mundano.

Restos

Ao teu encontro
Eu só irei em sonhos
Quando serás o herói
De meus alegres
Pesadelos

Enredos não pensados
De um adeus
Inconclusivo
E frases desfocadas
Sem sentido

É o que restou
Do amor
Que em mim insiste
Pois que és nada
E o nada não existe.

Réplica

Do poema anterior
Discordo em parte
Pois o átomo transcende
E o espírito divide-se
Em mínimas partículas
Partituras claves

O espírito parte-se
Em teclas de piano
E vai tocar nas récitas
Dos palcos de outro plano

Enquanto o átomo
Voa além dos livros
É pensamento vivo
Que não finda.

O jornal e a maçã

No turvo sonho
O amor aparece
Ao abrir-se o dia
A alma esquece

O sol desenha
No prato a manhã
O jornal se abre
Como maçã

A mais podre e fria
Mastigo o dia
Meu corpo exangue
Esvai-se em sangue.

Quadro

Ando vaga
A noite é nada
O mundo se apaga
Voa o céu?

Para onde iria
A tênue alegria
O vagão da poesia
Quebrou no ar?

Ela é um quadro
Que permeia a mente
Vejo simplesmente
Cromatizes raros.

Quarto escuro

Elefantes moribundos
Caminham por minha estante
Numa noite qualquer
Do absurdo instante

O meu quarto escuro
É um cinema mudo
Ou uma tela em branco
Onde desenho o mundo

Invento paralelos
Outros meridianos
E um triângulo roto
De vértices sem ângulo

Minha geometria solta
Sobrevoa os santos
E as almas tristes
Que morrem pelos cantos.

Pequena elegia para Marcos

Para Marcos Plínio Emmer Dias Gomes
(In memoriam)

Nasceu meu pequeno irmão
De um livro raro e sonoro

Desses quando ao se abrir
As flautas batem as asas

Dizer que nasceu do nada
É esquecer mãe e pai

Os mesmos que me moldaram
Em barro e geometria

Ele envolto em melodia
Era Beethoven menino

Dos pátios regia os sinos
E as estrelas canoras

Hoje na fria masmorra
Ele toca para o nada

Dentre os irmãos, os que vivos
O do jazz o do explosivo

Este seria o amigo
Do abraço e cantoria

Por que a morte o levaria
Para a última escadaria?

Aquela para onde vão
Os velhos homens cansados

E dele, o inesperado
Foi partir na prima aurora

Um dia que já não tarda
Tocaremos na harmonia

O duo das cordas frias
E o que mais nos aguarda.

Secreta dor

A natureza uma secreta dor na página
De uma lágrima de árvore encantada
Passo por ela seu corpo me afaga
Qual uma velha santa casta em andrajos

Não me diz nada apenas venta os sinos
Das folhas áridas outrora passarinhos
O que me faz pensar em Deus nos altos cimos
No impossível azul da fotosfera

Estará em mim nos abissais de minha alma?
Deus o Todo o Nada Deus não se apaga
Antes fizesse desenhar um novo mundo
A começar na formação dos homens absurdos.

Nem sei

Sou a dor
E o sorriso
O novo
E o mais antigo
O meu inverso
Perigo
Meu lapso
Fogo amigo
Não sei
Quem serei
Em instantes
Se como agora
Ou antes.

Geminus signum

Minha translação no mundo efemérides
Não modifica o tanto que suponho
As rugas não vincam a testa não transtorna
Apenas reduz o tempo dos meus sonhos

E se já fiz o tudo que me coube
Eu jamais soube qual das almas que seria
Múltiplas faces rios e denises
Todas se dizem possuintes dos meus ânimos

No plano etéreo o *gemini* signo me controla
E me transforma num parágrafo a cada dia
Se ora náufrago agora euforia
Ou estrangeira em minhas próprias cercanias

Se um dia acordo a águia arguta aventureira
Noutro sou música arco e lira me traduzem
Se estranhas luzes descubro ao longe todavia
Serei poesia se por um dia ou vida inteira.

Eu

O lábio fino da Lua
É o meu reflexo no rio
Curvada ao sol da noite
As mãos espalmando a terra
Vejo-me refletida
Através do prisma branco
Os cabelos de Via Láctea
Jogo por cima da noite
Meus gestos vagam nas ondas
Qual um feliz fantasma

Batem lentas minhas asas
Para não assustar os bardos
O mundo é assim não conheço
Outras cidades por perto
Basta-me o meu reflexo
O amor da mulher das águas
Ela solta a madrugada
E sou eu quem lhe responde
Em vozes reverberadas.

Assim

Varrer estrelas
Para debaixo da grama
Assim o mundo
Quando se ama
E quando não
Geometria plana

Quando se ama
O pensamento engana
E inventa acordes
Melodia insana
"Ouvireis" clarins
De planetas mortos
Atravessar desertos
Em camelos tortos

Subir escarpas
Da hostil montanha
Assim o mundo
Quando se ama

E quando não
Fim da raça humana.

Não é azul

Além do mundo e além
A passos de anos-luz
Avisto o mundo e afirmo
A Terra não é azul

Tem a cor dos panos velhos
Bolor de alfaiatarias
Velhuscas, das desabadas
Catedrais de feiticeiras

Gagárim estava pleno
De amores e endorfina
Viu anjos nas entrelinhas
Dos módulos da espaçonave
E na lua minguante viu
Os lábios de Mona Lisa

Eu vejo vestes cinzentas
Das romarias famintas
Paisagens sem endereços
Primaveras retilíneas
A combustão das esquinas
Das cidades apagadas
Matizes do nulo ao nada
Que o meu olhar mal define

E ele gira, o planeta
A rotações indecisas

Yuri, a Terra é cinza
Azul é teu olho em transe.

Cismas da Lua

Ninguém se atina
Às cismas da Lua
Se quando cheia atiça corpos
Levanta mortos dos singulares
Ignis fatuus em labirintos

Ela quer para si
Do oceano – os picos
Asas em brasas
Dos dragões dourados

Ela quer alados
A empinar as vagas
E cavalhadas brancas
Em marés noturnas
Ela atrai escunas
Para suas tocas
Ou afunda a barca de García Lorca

Quando cheia, a Lua
Saem os lobisomens
Das matas frias e de não sei onde
A ventania esquiva despenteia a tarde
E sussurrando rege
A lei da gravidade.

Buraco negro

O buraco negro
É o próprio mundo

Ao me esquivar tropeço
Se dou um passo afundo

Para fugir do escuro
Sonho sóis antigos
Mas durmo abraçada
Ao inimigo

Não somente os ratos
Que lá mergulham
Mas os peçonhentos seres
Que se embrulham

Haverá saída
Rumo ao paraíso?
Já não meço forças
Com o abismo.

Monte

Dou passos
Por entre abismos
Se me arrisco, nem tanto
Por ser tão rijo
O meu monte
Leva-me
Qual um amante

Com suas frases de vento
Ele me chama
E me quer
Mais alto que sua cruz
Erguida nos ombros de Deus

O precipício sou eu.

Nos passos

O que é paz, não será longe.
Vem de mim não sei de onde
Das esferas alvoradas
Ou da quietude da alma

Se longínqua a jornada
Para abrandar o compasso
Do coração salteado
Para que tão longe ir

E o impossível buscar
Nos confins do além-mar
Estará a paz nos cimos
Ou nos passos do divino?

A árvore da trilha

Meu poema há de ter a textura
De um talo encantado
Qual o rosto de um sábio antigo
Uma árvore que atenta ao que digo
Quando procuro palavra e amigo

A sábia árvore
Guarda as frases impossíveis
Que buscarei quando comigo
Estiver a perseguir vestígios
De pegadas ilegíveis
Ou a procurar os totens
Do inesperado adjetivo.

Noite alta corpo insone

À noite abri as cortinas
A espantar monotonias

Entraram as Três Marias
No lapso da ventania

Alta insônia madrugada
Eu a buscar nos quadros

O rastro das musas frias
E a voar entre os espaços

Da concreta moradia
Que não é o céu imenso

Tampouco a caligrafia
Das constelações ao vento

Mesmo se às vezes penso
Que moro junto às harpias.

Ventríloquo

Dou a voz ao inaudito

Do corvo
Escuro
Ao esquisito
Boneco de cera
E ao imprevisto
Repentino
De um delito

Do mundo
O que é maldito
Farei
Os meus escritos
E mais além
Do infinito
Escreverei
O grito
– Derradeiro
monolito –
Onde bem sei já não existo.

Dois gatos

Meu filho mora na tarde
Desperta o meu antídoto
Ele me fala chip
Eu lhe respondo livro
Somos dois gatos siameses
Que se lambem esquivos.

Mutações

Não sei se me falam
As pedras
Ou se me cantam os ventos
Mas escuto
O barulho das nuvens
Cada vez
Que uma montanha se desprende

Elas, montanhas
Viajam de repente
Quando o céu
Troca seus cenários
Por coisas repentinas
Embarcações de neblina
Que aportam pelos cimos

As montanhas correm
Junto às nuvens
Porque não são mares
Onde tudo muda
Qual água e piano

Mas as montanhas
Cabem dentro dos oceanos
Quando estão irremediavelmente
Tristes.

Deserto em mim

Há um deserto
A dormir
E a habitar meu espírito

Não o despertei
Ainda
Para esticar o sol
No infinito

Ele quer fugir
De mim
Para ser horizonte
Porque horizontes
Não existem

E ele não almeja
A existência
Mas,
Ser frio
Findo, espesso
Ser
Uma reticência
Entre o nada e o avesso.

Da febre

Da febre do primeiro amor
O que restou?
Meu rosto quente ao espelho
E o teu sem qualquer imagem
Imponderável viagem
Que não conduz nem reflete

Contudo ainda repetes
Antigas cartas impressas
Tocamos o imprevisto
Teu casaco
Em meu vestido
Nos elevadores lentos
Aqueles paralisados
Pelas ferrugens do tempo.

Das medidas

O deserto é o inverso do mar
Não sei dizer nem explicar. Não sei.
Mas é assim o voo do mundo
A me falar

Mede-se o mar em léguas de navio
O rio, no ser intermitente
E o deserto, mede-se em serpentes

Eu tenho a medida
Do espaço em que ocupo
Não sou muito
Ao meu lado sobra uma cadeira
Ou uma cordilheira inteira
A inventar.

Da pedra

Quando vejo pedra
Nada me canta
Senão
Um espaço
Entre colchetes
O tempo e seu antigo

Dorme comigo
A pedra sem espírito
E em meus turvos
Pesadelos
Do grito ao desespero

Ela
Não desperta meu anseio

Sequer
Recosta o corpo frio
Entre meus seios
E não acende a luz
Do candeeiro.

Da palavra – I

Busco uma palavra
Inusitada
Estrela dos andaimes

Sem nome ela adormece
No útero
Princípio reticente

Vocábulo inútil
Não mudará
A rotação da planetária

(onde mora então
o ideal adjetivo?)

Na casa do indizível
Onde o silêncio
Não traduz palavra alguma.

Da palavra – II

E busco essa palavra
Que não sei ainda
Se existe
Se é real
Ou de tão rara
Já se finda

Por que buscá-la
Enquanto o mundo agoniza
E as multidões em fila
Buscam pratos de comida?

Da plenitude

Meus cabelos encrespados
Pelos ventos dos cimos
Transformam-se em asas
Quando estou sorrindo

Se estiver mais só
No sobressalto dos ares
Serei felicidade
E música e ave

Ainda mais ainda
Acima das vertentes
Alcançarei os planos
Dos espíritos contentes.

Vizinho de Deus

O vizinho de Deus
É Deus mistério
Deus paralelo
Sobre o ombro mundo

Não será o anjo
Nem o cão flautista
Nem a monja mística
Bíblica morada

Será o átomo, a pedra
A indelével casa
O espinho, o templo
Âmago da cruz?

Perto de Deus é luz
Ou treva acirrada
Longe de Deus é nada
Ou sonho que seduz.

Relógio preciso

Relógio preciso
Fugaz calendário
Balada fulgente
Vagão intermitente

Galopam os ponteiros
Da azul madrugada
Da noite apressada
Dos carros sem freio

Não há nada que o faça
Ralentar a batida
Enquanto nos foge
A célere vida.

Relógio de sol

A cada dia em roda
De giros e de soturnos
Eu parto deste mundo
Nas horas que já não param
Outrora o tempo era
Se vagaroso mais lento
Sendo que um momento
Durava eternidades

O relógio de sol
Deveria
Contar o instante
Em magias
A infância uma alegoria
A caminhar passos largos

O tempo era um quadrado
Com paradas nas esquinas
De brinquedos circunflexos
Que sem pressa me sorriam

Dize-me então, ciência
Com quantos metros de vento
Mede-se a adolescência?

Prólogo

Quem acaba de morrer
Não morre tanto
Ainda permeia pelos cantos

Se morto ou se vivo
Qual náufrago perdido
Virá a padecer

Quando ao pé da alfombra
Não mais vir refletida
A sua sombra.

Meus mortos já se vão longe

Meus mortos eram mais próximos
Sentia-os nos vãos dos dias
Nas portas que se batiam
Nas borboletas da tarde
No trovão da tempestade
Claridades sem aviso

Lembro-me os passos
Ao fim da noite
E o cheiro etéreo
De agridoce
O abraço volátil
Nos sonhos místicos
Quando a vigília
Era imprevisto
Beijava o vento
Abraçava o frio
Esta, a cota
Que me cabia

Pequena alegria em meio à dor
Presente ainda o tênue calor
Das mantas, gravatas, sapatos, cabelos
Um novo segredo surgia nos livros
Entre mim e o espírito que ainda morava
Nos cantos da casa lugares à mesa
Previa a certeza de vê-los por perto
Jamais no deserto longínquo abstrato

Agora retratos
Inerte contato
Os olhos não dizem
Os lábios não vagam
As lentas paredes
Por onde passavam
Agora não falam
As vozes da noite
As vozes as vozes
Sopravam janelas
Apagavam velas
E hoje se calam
Sequer o suspiro
Do cão na soleira
Não mais a clareira
Do vulto espectro

Meus mortos já se vão longe
Cada vez mais para o nunca
Escondem-se em claustros frios
Arrepios do espaço
Não os vejo não os acho
Não os sonho não os rogo
E mais e mais se afastam
Para o mistério sem astros
Não deixam rastro nem luzes
Para que eu possa apontá-los
Como eram as estrelas
Que chamava pelos nomes

Caminham montes sem norte
Estão mais longe que a morte.

Bailarinas frias

Bailarinas frias borboletas
Meninas azuis em saia
Ainda pupa, lagartas
Procuram o bulbo verde

Busco na mata um diário
Que espalhe a hora dos galos
Profético e sem belezas
A natureza não mata a natureza.

O primeiro poema de agosto

O primeiro poema de agosto
Contém ventos

São cantares aéreos
Que não decifro o instrumento

Solista, o virtuose
Da orquestra de esculturas

Das nuvens naves escuras
Lá onde moram os rostos

Ora tristes, ora rijos
De reis e leões alados

Nos ventos mudam-se os quadros
Da mais alta escadaria

Dizer que é geometria
É jogar lá fora os lenços

Dos navios de onde abanam
Os passageiros do tempo.

Labirintite

Quadros tortos nas paredes
Desequilibram
O instante

É quando deslizam navios
Na linha
Do horizonte

E da sala cambaleante
Escorregam
Os gatos brancos

Das prateleiras os santos
Confundem
Os vaticínios

Os elefantes marinhos
Emergem
Dos mares turvos

Eu vejo pratos no escuro
A girar
Como cinemas

Não sei. Estarei plena
Dos meus sentidos escusos?

Ou torto estará o mundo
E serei eu
O fio prumo?

Adeus país...

Adeus país mais belo dentre os mundos

Vou-me embora para os longes
Não me espere não me chames
Para as cantatas da noite
Para o pôr do sol dos montes

Fostes um dia poucos séculos
Inventado à beira-mar
Como ilha de segredos
E enredos de ouro e árvores

Como escrever-te o futuro
De filhos e claridades
Já me vou. Já se faz tarde
Sem alardes passos curtos
Deixo-te alma e soluços
Para esquecer-te a saudade.

Medo

Tenho muito medo
Das coisas concretas

Aquelas que em linha reta
São o percurso de um tiro

A mão que aperta o gatilho
Sem atentar o destino

Da explosão do projétil
Nas testas dos desvalidos

Não temo a sombra dos mortos
Mas tenho medo dos vivos

Atravessar as esquivas
Esquinas das avenidas

Medo das balas perdidas
Que transpassam os teatros

E divide a vida em atos
O primeiro e o segundo

Sendo o último o fim do mundo
Ao som das metralhadoras

Medo das horas vindouras
Quando ao esticar um braço

Não o sei feito em pedaços
No espólio do estilhaço.

Dos hospitais e paredes

Escorre nos quartos desertos
Dos hospitais e paredes
A vida enquanto verde
Lá fora em alvoradas

Estâncias palavras guardadas
Da felicidade vaga
Da vida quando mais nada
Acontece no silêncio

Tão longe de mim, os ventos
Sopram nas matas quentes
Nos sonhos de antigamente
Eu menina apaixonada

Pelo ancião navegante
Das barbas longas de incêndio.

Que versos nascem da vigília

Que versos nascem da vigília?
A lírica dos bromazepans e dipironas
Quando a sonâmbula voa sobre as ondas
Às rimas raras e sátiras sinfônicas
Olhos cerrados vejo os polos invertidos
Qualquer imagem servirá ao verso em sono
Um gato verde uma palavra de madeira
Escaravelhos em revoada ao pé da cama
Vejo Luís a me atirar alexandrinos
Na praia imensa imensa praia lusitana
Escuto ao vento um afiado violino
Qual uma adaga a penetrar no palatino.

# Discurso Para Desertos

E perco a voz para dizer ao vento tempestuoso
Como as horas marcam um céu ao redor dos astros.

Dylan Thomas

I

Os desertos
São o resumo
Do mundo
Lá
O nada e o tudo
Comungam
Os céus contrários.

II

A solidão é o diário
Escrito pelas areias
Livros de folhas
Mudas
De serpentes sob dunas.

III

Os desertos
Falam
A linguagem
Das pausas
E dos homens
Quando guardam
Descansar
A própria alma.

IV

Sentado sobre uma pedra
Quando uma pedra é nada
O homem
Sem pés nem estrada
Pensava violetas parras
Um dia a mais ou a menos
A velha bagagem arrastada
Ele não vê, mas indaga
As lendas de Antofagasta.

V

Entre o mar e a montanha
Num intervalo do mundo
Ele habita seu escuro
E ventanias sem rumo.

VI

Saara, és uma tenda
Imensa
A cobrir o Sol
Que abrasa nas areias
As explosões em partículas
Túnicas
Nunca vistas
Dançando
Sobre as aldeias
A percorrerem infindos
Vagarosos e idênticos
Horizontes reticentes
Que se afastam a cada lenço.

VII

Não só de areias e ventos
Moram imensidões
O grande fantasma branco
Estende ao sul do mundo
Sua coberta gelada
Sem rumos
Sem passaradas
A comunhão das antártidas
Neve eterna do além-mar
Deserto polar, o estrondo
Das geleiras desabadas.

VIII

Permitam o meu cansaço
Pois que não ando
Me arrasto
Nos montes de areia e vidro
O sol abrasa meus braços
Tão perto avisto
Um aviso
Sobre cascatas e lagos
Barcos sem lua
Cavalos
De beduínos sem flauta

E, lá
A praia dourada
Das ruínas refrescadas
Para onde vai o sonho
Para onde se esvai a estrada.

IX

Tão perto
À distância de um braço
Tento alcançar o espaço
Das nuvens mais carregadas
Buscar o milagre das águas
Oásis

Serão verdade
As frases de tempestade?

X

Hoje sou um deserto
Amanhã serei parede
Ao meu redor
Há um cerco
De avenidas povoadas
Estarei mais só
Do que as dunas
Que voavam nas ventadas

Cercada
Por casas caladas
Solidão
A vida é nada.

Aprendiz de segredos

A microestrela nasceu
No exato instante momento
Antes dela fora Deus
A soprar seu pensamento?

E quem antes de Deus só Deus
No espaço menor de um tempo
Estaria no primo momento
Entre o nada e o mundo?

O que seria antes do Tudo
O nada ser das esferas
Deus a pensar nas eras
Ou o átomo absoluto?

Maestro de folhas

Na floresta há um maestro
Que rege as vozes das árvores
Feito de folhas, ele cede
Às decisões das ventadas

O braço verde no ar
Faz cantar a natureza
O mundo e sua beleza
Não me parecem perdidos

Violinos em sibilo
Trompas de troncos largos
Violoncelos são a terra
De onde brotam as pausas.

Sobre a autora

Denise Emmer nasceu no Rio de Janeiro. É poeta e musicista, bacharela em Física e Música (violoncelo) e pós-graduada em Filosofia (*latu sensu*) pela UFRJ. É membro titular do PEN Club do Brasil.

Obra

Poesia

- *Geração Estrela*. Rio de Janeiro: Editora Paz e Terra, 1976. Texto de orelhas de Moacyr Félix.
- *Flor do milênio*. Rio de Janeiro: Editora Civilização Brasileira, 1982. Prefácio de Moacyr Félix.
- *Canções de acender a noite*. Rio de Janeiro: Editora Civilização Brasileira, 1983.
- *A equação da noite*. Rio de Janeiro: Editora Philobiblion, 1985. Prefácio de Pedro Lyra.
- *Ponto zero*. Rio de Janeiro: Editora Globo, 1987. Prefácio de Antônio Houaiss.
- *O inventor de enigmas*. Rio de Janeiro: Editora José Olympio, 1989. Prefácio de Ivan Junqueira.
- *Invenção para uma velha musa*. Rio de Janeiro: Editora José Olympio, 1991. Prefácio de Nelson Werneck Sodré.
- *Teatro dos elementos*. Rio de Janeiro: Editora 7Letras, 1993. Prefácio de Rachel de Queiróz.
- *Cantares de amor e abismo*. Rio de Janeiro: Editora 7Letras, 1995. Prefácio de Carlos Emílio Correa Lima.
- *Poesia reunida*. Rio de Janeiro: Ediouro, 2002. Organização de Sérgio Fonta.

- *Lampadário*. Rio de Janeiro: Editora 7Letras, 2008. Prefácio de Alexei Bueno.
- *Assombros & Perdidos*. Rio de Janeiro: Editora 7Letras, 2011. Prefácio de Frederico Gomes.
- *Poema cenário*. São Paulo: Editora de Cultura 2013.
- *Poema cenário e outros silêncios*. Rio de Janeiro: Editora 7Letras, 2015.

Romance

- *O insólito festim*. Rio de Janeiro: Editora Nova Fronteira, 1994. Prefácio de Rachel de Queiróz.
- *O violoncelo verde*. Rio de Janeiro: Editora Civilização Brasileira, 1997. Prefácio de Ronaldo R. de Freiras Mourão.
- *Memórias da montanha*. Rio de Janeiro: Editora Ediouro, 2006.

Obra musical

Dos cinco CDs autorais, destacam-se: *Cinco Movimentos & Um Soneto*, com poemas de Ivan Junqueira musicados e interpretados pela autora, *Canto lunar*, *Mapa das horas* e *Capote de pedras*.

Antologias e publicações

- *41 poetas do Rio*. Moacyr Félix (org.). Ministério da Cultura, 1988.
- *Antologia da nova poesia brasileira*. Olga Savary (org.). Rio de Janeiro: Editora Hipocampo, 1992.
- *Poesia sempre*. Fundação Biblioteca Nacional, ano I, n. 2, 1993.
- *O signo e a sibila: Ensaios*. Ivan Junqueira. Rio de Janeiro: Editora Topbooks, 1993.

- *Ponte poética Rio-São Paulo.* Rio de Janeiro: Editora 7Letras, 1995.
- *Revista da Poesia.* Metin Cengiz (ed.). Turquia, 2013.
- *Revista Califórnia College of the at Eleven Eleven.* Tim Kahl (trad.). EUA, 2014.
- *Rubem Braga – A poesia é necessária.* André Seffrin (org.). São Paulo: Editora Global, 2015.
- "Translation Folios – Denise Emmer". Tim Kahl (trad.). *Revista Copper Nickel*, EUA, 2016.
- *Newspaper Surreal Poets.* EUA, 2017.

Prêmios

- Prêmio Guararapes – poesia, 1987.
- Prêmio União Brasileira de Escritores (melhor autor jovem), 1988.
- Prêmio Associação Paulista dos Críticos de Arte (APCA) – poesia, 1990.
- Prêmio Nacional de Literatura do PEN Club do Brasil – poesia, 1990.
- Prêmio Olavo Bilac da Academia Brasileira de Letras – poesia, 1991.
- Prêmio Internacional da Unesco José Martí – Conjunto de Obra, 1994.
- Prêmio Nacional de Literatura do PEN Club do Brasil – romance (Luiza Claudia de Souza), 1995.
- Prêmio Alejandro José Cabassa (UBE) – romance, 1996.
- Prêmio Yêda Schmaltz (UBE) – memória romanceada, 2007.
- Prêmio Cecília Meireles de Poesia (UBE), 2009.
- Prêmio ABL de Poesia, 2009.

Impresso em São Paulo, SP, em janeiro de 2018,
com miolo em off-white 80 g/m², nas oficinas da Forma Certa.
Composto em Minion Pro, corpo 12 pt e Cambria, corpo 12.5 pt.

Não encontrando esta obra nas livrarias,
solicite-a diretamente à editora.

Escrituras Editora e Distribuidora de Livros Ltda.
Rua Maestro Callia, 123 – Vila Mariana – 04012-100 – São Paulo, SP
Tel.: 5904-4499 / Fax: (11) 5904-4495
escrituras@escrituras.com.br
vendas@escrituras.com.br
www.escrituras.com.br